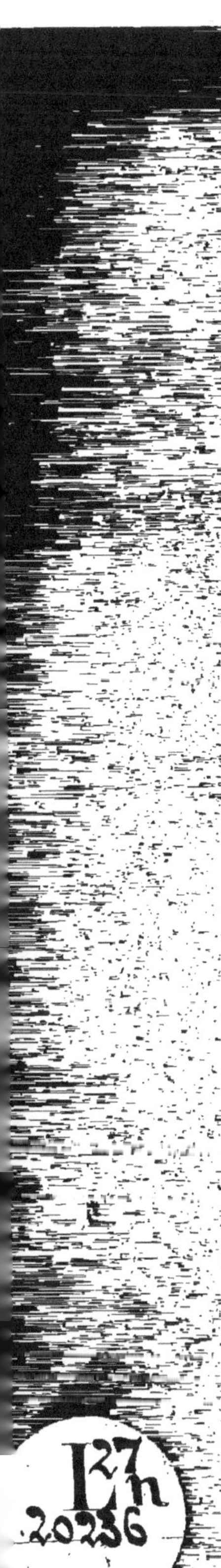

AF224304

QUELQUES FLEURS

SUR LA TOMBE

DU VICOMTE DE VERNÈGE,

BLESSÉ ET MORT A L'ARMÉE D'ESPAGNE.

Beati qui in acie cadunt : memoriam enim sempiternam
cunctis divitiis præstantiorem consequuntur.

Xenophon, de rebus gestis lib. 2.

QUELQUES FLEURS

SUR LA TOMBE

DU VICOMTE DE VERNÈGE,

BLESSÉ ET MORT A L'ARMÉE D'ESPAGNE,

PAR UN DE SES COMPAGNONS D'ARMES.

Nulli flebilior quam mihi!

PARIS,

IMPRIMERIE ECCLÉSIASTIQUE DE BEAUCÉ-RUSAND,
HÔTEL PALATIN, PRÈS SAINT-SULPICE.

1824.

QUELQUES FLEURS

SUR LA TOMBE

DU VICOMTE DE VERNÈGE,

BLESSÉ ET MORT A L'ARMÉE D'ESPAGNE.

PAR UN DE SES COMPAGNONS D'ARMES.

Il est des douleurs isolées, des regrets concentrés, dont le motif, pur comme celui qui en est l'objet, mérite aussi les larmes et les regrets universels de tous les gens de bien. Notre cœur éprouve le besoin d'honorer la mémoire sans tache de l'un de ces Français vraiment dignes de ce nom, dont l'existence était tellement identifiée avec celle de la légitimité par l'ardeur et la constance d'un dévouement héréditaire à toute épreuve, que sa perte ne doit pas être moins sensible aux vrais Royalistes qu'à sa propre famille.

Nous sommes donc fondés à espérer que d'infortunés parents, plongés dans la plus cruelle et la plus juste affliction, nous pardonneront en faveur de la cause qu'il a si noblement servie, d'avoir fait éclater, à leur insçu, l'honneur personnifié dans leur loyal et brave fils qui, jusqu'à son dernier soupir, en fut le modèle, l'esclave et la victime.

Charles-Marie-Louis-Paul Combarel vicomte de Vernège, issu d'aïeux qualifiés de *miles* dès le douzième
siècle, avait hérité de leur amour pour le noble métier
des armes, et de leur fidélité pour le Roi.

Quoique né sous la république, en 1792, il sut s'af-
franchir de toutes concessions aux circonstances, et
éluder les dangers de la séduction comme ceux de la
résistance.

On peut se figurer aisément quelle fut l'ivresse de
la joie de ce serviteur fidèle, à cette époque mille fois
heureuse qu'il avait travaillé à accélérer par tous les
moyens en son pouvoir.

Déjà l'annonce de l'arrivée prochaine de S. A. R.
Monsieur à Livry, avait électrisé ses pareils : un corps
de volontaires royaux qui devait être l'âme de cette
garde à cheval, toujours si dévouée à la famille royale,
fut formée en un clin d'œil ; et cette belle jeunesse,
l'espoir de la restauration, à peine armée, équipée et
montée, rivalisait de zèle et d'activité : c'était à qui
aurait l'insigne bonheur d'être le premier en faction auprès du noble Prince, digne précurseur de Louis XVIII.

Cependant S. A. R. s'achemine vers Paris, précé-
dée d'acclamations trop long-temps comprimées.....

Un Français de plus est enfin entré dans la capitale !

Une foule innombrable, avide de revoir ce loyal Fils
de France, franchit son escorte d'honneur, et dans le
transport de son allegresse, semble porter le Prince et
soulever son cheval.

Pendant cette marche triomphale, on distingue constamment près de S. A. R. un jeune officier, dont l'inquiète activité surveille tous les dangers que la malveillance pourrait susciter, et s'effraie moins des excès du délire du peuple que d'une répugance dissimulée.

A l'arrivée du Roi et de la famille royale le vicomte de Vernège manifesta le même zèle ; mais plus d'habitude du bonheur de revoir des Bourbons, permit plus d'ordre et moins d'abandon dans l'explosion des mêmes sentiments.

C'était surtout dans les escortes des princes, que fournissait seule alors la garde nationale à cheval, que le vicomte de Vernège, nommé brigadier, s'étudiait à trouver des occasions de signaler son dévouement et son amour pour la famille royale. Il aurait voulu être de garde tous les jours ; et lorsqu'il en était privé, il créait, d'accord avec les siens, des tours de services extraordinaires dont le résultat était bien précieux dans ces premiers instants de la restauration, où il fallait non-seulement surveiller et comprimer la malveillance, mais encore enlever, pour ainsi dire, la multitude.

La formation des quatre compagnies rouges de la maison militaire du Roi dispersa cette brillante jeunesse.

Petit-fils de l'ancien major des gendarmes de la garde, officier-général qui, pendant soixante-huit ans de services dans cette compagnie, s'était signalé par des actions d'éclat, notamment à Fontenoi, et avait été honoré de la bienveillance toute particulière des rois Louis XV et Louis XVI ; le vicomte de Vernège avait peut-être quelques droits à une des nouvelles places d'officiers au moins surnuméraires de cette compagnie réorganisée, et où d'autres jeunes gens, plus fortunés que lui , débutèrent si avantageusement dans le service militaire.

S'estimant très-heureux d'avoir été nommé maréchal-des-logis en pied , il ne se dissimula pas tout ce qu'il avait à faire pour bien remplir une place dévolue autrefois à l'ancienneté de service , et il se dévoua tellement à toutes ses diverses obligations que bientôt il fut au niveau de son grade , et que des généraux expérimentés lui croyaient déjà beaucoup de services antérieurs.

Ce beau corps d'élite se livrait avec ardeur à son instruction , sous les ordres et par les soins de chefs universellement chéris et estimés , lorsque survint la fatale épreuve des cent jours d'interrègne.

Empressés de se résigner au sort et à la volonté du Roi , tous les gendarmes de sa garde l'accompagnèrent fidèlement jusqu'à la frontière , où , navrés de douleur , ils reçurent l'ordre de retourner dans leurs foyers.

Cependant la compagnie n'était encore qu'à quelques lieues de distance de ses princes , que le vicomte de Vernège, capable de tous les sacrifices pour son Roi, *excepté celui de s'en séparer* , déclara à ses camarades sa résolution de ne pas s'éloigner davantage de la famille royale, et de se dévouer pour être l'interprète de leurs nobles regrets ; ajoutant ensuite qu'en sa qualité de maréchal-des-logis il leur préparerait des logements, aussitôt qu'ils auraient obtenu l'autorisation de se rallier auprès de S. M. Il part au galop, arrive à Gand , et se présente chez son noble chef M. le comte de Durfort qui , touché de cette nouvelle preuve de zèle et de courage , ne put cependant s'empêcher de lui en faire quelques reproches, fondés sur l'impossibilité où se trouvait encore le Roi de pourvoir à l'entretien de sa maison militaire. *Eh bien!* répond ce jeune et fidèle serviteur des Bourbons , *loin de vouloir aggraver la pénurie de la cassette du Roi, je viens réclamer la faveur d'y déposer vingt-cinq louis qui me sont superflus...*

Peu de jours après, les ressources et la résolution du Roi furent changées, et le vicomte de Vernège fut chargé de réunir ses camarades qui arrivèrent successivement, et se trouvèrent tous ensemble à la rentrée de S. M.....

Le Roi s'étant décidé au sacrifice de ces quatre compagnies rouges qui jadis faisaient *l'ornement et la sécurité du trône*, et ayant jugé convenable d'y substituer la garde royale actuelle, le vicomte de Vernège éprouva du moins, dans cette pénible circonstance, la satisfaction de se voir réclamé par plusieurs des anciens officiers des gendarmes de la garde qui avaient obtenu des régiments, pour y remplir divers postes de confiance.

Il eût pu même obtenir une compagnie dans la nouvelle garde; mais ce grade ne lui donnait que la perspective, dans quatre ans, du grade de chef d'escadron auquel il avait droit, puisqu'il avait rempli, pendant l'interrègne, les fonctions de maréchal-des-logis en chef de sa compagnie, et que ceux des trois autres compagnies rouges l'avaient obtenu. D'ailleurs , M. le comte de Durfort ayant bien voulu lui conserver l'espérance d'être compris pour ce grade dans un dernier travail qui devait avoir lieu incessamment, et de pouvoir être placé, en cette qualité, dans un régiment de cavalerie, il se résigna et attendit avec confiance ce travail.

Mais bientôt cette vaillante jeunesse qui, encore revêtue de son uniforme, avait été souvent obligée de repousser des insultes, devint l'objet de sourdes et lâches railleries.

On s'efforçait de tourner en ridicule jusqu'à leur dévouement, au point de qualifier leur émigration de *Voyage sentimental!*....

Enfin parut ce travail de *liquidation arriérée de tant de sacrifices, de peines, de dévouement*, et le vicomte de Vernège fut soldé par ce seul trait de plume : *Il n'a servi que le Roi!*...

Le voilà donc du nombre des officiers à demi solde !...

Son caractère et sa santé en furent affectés ; il s'isola entièrement, et se voua à acquérir de nouvelles connaissances, en cultivant des dispositions qui pourraient, peut-être un jour, lui devenir plus utiles.

Ce fut dans cet intervalle, (en 1819), qu'il entreprit à ses frais, et rédigea seul une feuille intitulée : *Le Chevalier français, dédié à l'armée*, journal non moins recherché pour le talent, que pour le bon esprit de son auteur, et qu'il fut obligé de discontinuer à l'époque de la formation du corps de l'état major général de l'armée.

Le vicomte de Vernège fut compris, dans l'organisation de ce corps, au nombre des capitaines, et obtint l'autorisation de travailler gratuitement au dépôt de la guerre. Ses chefs lui ont souvent rendu la justice d'attester que le résultat de son travail faisait honneur à son zèle et à ses talents.

Il remplit aussi successivement les fonctions d'aide-de-camp de plusieurs généraux, et il jouissait de l'avantage d'être attaché, en cette qualité, à M. le comte Armand de Durfort, chef de l'état-major général de la 1.re division militaire, lors des troubles qui survinrent à Paris, en 1820, et que la fidélité des troupes sut déjouer, de concert avec les rapports lumineux et impartiaux de cet officier général, si bien secondé par l'esprit judicieux et l'incroyable activité de son digne aide-de camp.

Le temps que ce service actif et le travail de ses rapports ne consumaient pas, était employé par le vicomte de Vernège à suivre des cours, lever des plans, composer divers essais sur la tactique militaire, et autres ouvrages analogues à la carrière qu'il désirait si ardemment de parcourir avec distinction.

Ce studieux officier réclama constamment, et pour unique récompense, d'être employé à l'armée des Pyrénées.

Il fut enfin nommé à un emploi de son grade, à l'état major du 2.e corps de cette armée, avec l'ordre de se rendre sur-le-champ à Bayonne, pour y recevoir les ordres du lieutenant général, commandant ce deuxième corps d'armée.

Quoique très-souffrant en ce moment d'un abcès à la gorge, et atteint d'une violente fièvre, résultat d'un travail excessif, il se fit opérer, et sa plaie saignante encore, il monta de suite à cheval.

Pressé par le temps, il fit ce long trajet avec ses

équipages , en 26 jours , de sorte qu'il rejoignit son corps d'armée au moment même du passage de la Bidassoa.

On sait que ce deuxième corps d'armée n'a cessé, depuis son entrée en Espagne , d'être continuellement en marches forcées sur Saragosse , Valence , etc. , jusqu'à ce qu'enfin il ait eu l'avantage de rejoindre, et de défaire les corps des troupes réunies de Balestéros et du général Zayas.

Dans ce combat décisif de Campillo de Aronas , le vicomte de Vernège fut blessé grièvement, au moment où il venait de transmettre les dispositions du général en chef au général Saint-Chamans , à la tête des 4.ᵉ et 20.ᵉ de chasseurs. Frappé d'une balle au dessus du pli de la hanche, il crut d'abord avoir la cuisse cassée ; mais sur l'invitation de se faire transporter à l'ambulance , il tenta de se soulever sur ses étriers ; et ayant réussi, il dit au général de Saint-Chamans , près duquel une autre balle avait renversé son schakos : *Puisque l'os de ma cuisse n'est pas fracturé, je serai à temps de me faire panser quand la victoire sera décidée.*

Après plusieurs charges brillantes de cette brigade , nos troupes entrèrent victorieuses dans Campillo. Alors ce brave officier consentit à faire extraire la balle ; et le lendemain , il fut transporté à Grenade , sur une charette dont les cahos lui causèrent , pendant un trajet de seize heures, d'horribles souffrances.

Bientôt après , le vicomte de Vernège éprouva des douleurs d'un autre genre , qui lui furent bien plus sensibles.

On l'avait assuré que le rapport de cette glorieuse

affaire, adressé au Prince Généralissime, contenait une mention particulière de sa conduite si brillante ; et dans ses souffrances, il jouissait de la satisfaction que ses parents, protecteurs et amis, éprouveraient à la lecture de ce bulletin.

Mais, par une fatalité inconcevable, il n'y fut porté que confondu dans le nombre de 14 morts et 40 blessés, de sorte que l'incertitude de la place qu'il devait réellement occuper dans ce bulletin, était loin d'être rassurante.

Quoique vivement affecté d'avoir été déçu d'un espoir auquel il attachait tant de prix, le vicomte de Vernège chercha un motif de consolation dans l'espérance de pouvoir se distinguer de nouveau, aussitôt que sa blessure lui permettrait d'en rechercher l'occasion.

En effet, sa guérison paraissait devoir être prochaine ; déjà même il se soutenait à l'aide d'une béquille, lorsque le bruit de l'apparition de Riégo excita en lui le désir d'accompagner son général en chef dans cette expédition projetée. Il essaya aussitôt de monter à cheval, du côté droit, se faisant aider pour enjamber la selle, avec sa cuisse percée de part en part.

La prise de Riégo par des Espagnols rendit sa poursuite inutile ; et il en fut pour ses tentatives imprudentes, qui nuisirent beaucoup à son rétablissement.

Réduit de nouveau à l'inactivité qui lui était si pernicieuse, et privé désormais de tout espoir d'affronter de nouveaux dangers dans cette campagne, dont le prochain dénouement était certain, ce trop brave et trop sensible jeune homme eut, par malheur, le déplaisir de

voir, de son lit de douleur, distribuer, sans y partici-
per, des *récompenses dont les prémices sont un baume qui semble réservé à cicatriser les plaies des braves.* Il en fut profondément affecté, ayant toujours désiré avec avidité, (de l'aveu de ses chefs), l'honneur d'être blessé, dans l'espoir de triompher du désavantage de ne dater ses services que de l'époque de la restauration.

Dès-lors ne croyant plus à la possibilité d'aucune chance en sa faveur, il se livra à une sorte de désespoir ;... le peu de sang qu'il n'avait pas versé sur le champ de bataille, ou perdu par un vomissement de quatre heures, se décomposa ; il fut atteint d'une fièvre bilieuse, puis cérébrale : aux accès de la plus noire mélancolie, succéda un anéantissement total qui dura quarante-huit heures, au bout desquelles, muni des secours de l'Église, il obtint de son divin Créateur la fin d'une existence aussi malheureuse, et le commencement du bonheur réservé, sans doute, par le Dieu des armées, aux guerriers vaillants, soutiens de l'autel et du trône...

Cette perte a été vivement sentie, non-seulement par ses compagnons d'armes, mais même par les Espagnols témoins des prodiges de valeur, opérés au combat de Campillo.

La mort du Vicomte de Vernège fut à peine connue, que des généraux, dignes appréciateurs de ses rares qualités, ont daigné joindre leurs honorables regrets à ceux de ses jeunes émules dont il avait subjugué les suffrages, par la droiture, la loyauté de son caractère, par sa fermeté, sa hardiesse, et sa persévérance dans ses nobles résolutions pour déjouer les ennemis de la royauté.

Toute cette brave jeunesse qu'il avait si bien su rallier et animer par ses discours et son exemple, frappée de ce malheur subit, qui les privait de voir réaliser leurs prédictions sur le brillant avenir réservé à un officier d'un tel mérite, semblait se dire, dans ce premier moment de stupeur : *Quomodò? Cecidit!!!*

Ceux-là mêmes qui, dans des époques critiques, ont cru être obligés de faire plus ou moins de concessions aux circonstances, rendaient à la pureté de ses principes et à sa franchise, un hommage également honorable pour l'homme vrai qui l'accorde, et pour celui auquel il ne saurait le réfuser.

Puissent ses neveux obtenir, pour l'honneur et le soutien de tous les souverains légitimes, les récompenses que méritèrent tant de vertus, de courage et de dévouement !

Sans doute que les auteurs de jours si amers mais si honorables, si courts mais si pleins de gloire, ne peuvent plus désormais trouver d'autre consolation que dans les exercices de cette Religion sainte qui répand ses bienfaits envers les imitateurs d'un fils si digne de nos larmes.

Espagnols dévoués à votre Roi, pour lequel ce valeureux français a sacrifié son existence dans le printemps d'une carrière qu'il eut parcourue avec tant d'éclat, unissez-vous aux Français pour rendre hommage à sa mémoire, et qu'une *épée fidèle* trace sur la tombe de *Charles-Marie-Louis-Paul Combarel, Vicomte de Vernège* :

IL VÉCUT POUR LES BOURBONS,

ET MOURUT POUR EUX,

A GRENADE,

LE 29 SEPTEMBRE 1823.

Universæ genti memoriam mortis suæ ad exemplum virtutis et fortitudinis derelinquens.

II Machab. 6. 31.

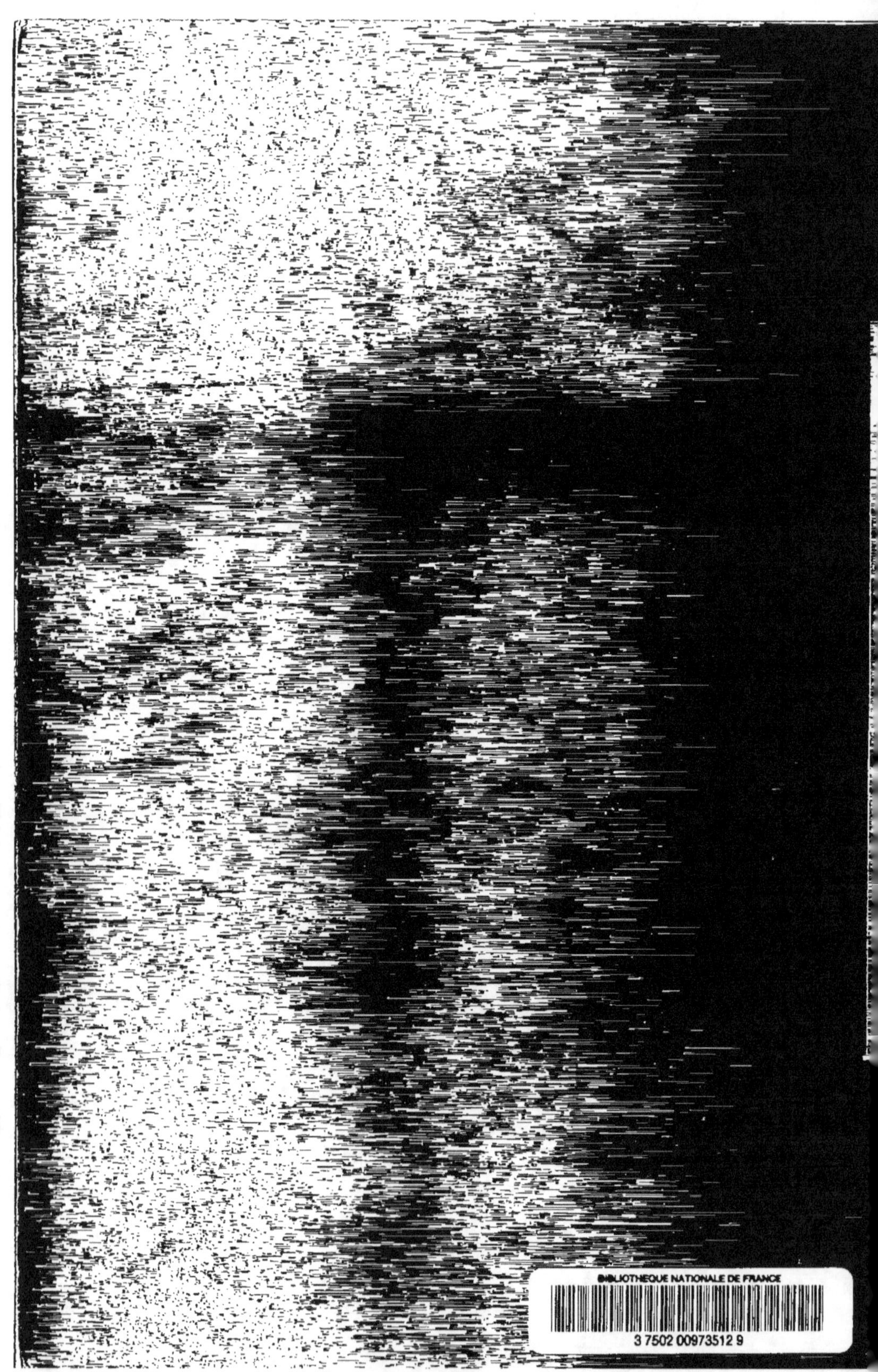

www.ingramcontent.com/pod-product-compliance
Lightning Source LLC
Chambersburg PA
CBHW061631050726
47595CB00007B/3168